ANALISI DEL LIBRO

AF137514

La bestia umana

ÉMILE ZOLA

ANALISI DEL LIBRO

Scritto da Johanna Biehler
Tradotto da Sara Rossi

La bestia umana

. . . .

ÉMILE ZOLA

ÉMILE ZOLA

SCRITTORE E GIORNALISTA FRANCESE

- **Nato nel 1840 a Parigi**
- **Morto nel 1902 nella stessa città**
- **Alcune delle sue opere:**
  - *Nana* (1880), romanzo
  - *Au Bonheur des Dames* (1883), romanzo
  - *Germinal* (1885), romanzo

Émile Zola è considerato uno dei più importanti romanzieri del XIX secolo in Francia. È noto soprattutto come leader del movimento naturalista, che cercava di applicare alla letteratura i metodi scientifici sperimentali dell'epoca: dopo aver osservato la realtà, Zola formulava un'ipotesi e la verificava con esperimenti nelle sue opere. Il ciclo di romanzi dei *Rougon-Macquart*, l'opera principale dell'autore, è un'illustrazione di questa estetica. Questo affresco di venti libri ebbe un grande successo nonostante le numerose critiche.

Zola è famoso anche per le sue prese di posizione, che spesso portano alla condanna. Il più famoso di questi è l'affare Dreyfus, dove il suo pamphlet *J'accuse…!* (1898) contribuì notevolmente all'esito positivo del processo al capitano Dreyfus (1859-1935).

LA BESTIA UMANA

CASO CRIMINALE NELLA FAMIGLIA ROUGON-MACQUART

- **Genere:** romanzo
- **Edizione di riferimento:** *La Bête humaine*, Paris, Gallimard, collezione "Folio classique", 2003, 512 p.
- **1° edizione:** 1890
- **Temi:** naturalismo, ereditarietà, impulsi omicidi, crimine, violenza, personificazione

Diciassettesimo romanzo della serie *Rougon-Macquart*, *La Bête humaine* fu pubblicato a puntate sul giornale *La Vie populaire* prima di apparire in volume nel marzo 1890.

In quest'opera, Zola racconta la storia di Jacques Lantier, un ingegnere ferroviario della linea Parigi-Le Havre. È segnato da un'eredità morbosa e da impulsi omicidi che lo tengono lontano dalle donne. Nonostante le sue precauzioni, si innamora della bella Séverine Roubaud, moglie di un collega, e inizia ad avere una relazione con lei, finché il suo male non ricompare e gli fa commettere l'irreparabile.

SINTESI

CAPITOLO I

Roubaud, vice capo della stazione di Le Havre della Compagnie de l'Ouest, trascorre la giornata a Parigi, dove è stato convocato dalla sua direzione. Dopo l'appuntamento, aspetta la moglie Séverine, che ha approfittato del viaggio per fare shopping. Quando arriva Séverine, la coppia consuma un pranzo tranquillo, ma i toni si alzano quando Roubaud viene a sapere che l'anello che Séverine indossa da sempre le è stato regalato dal magistrato Grandmorin, il suo padrino, che l'ha cresciuta e maltrattata quando era solo una bambina. Pensando che Séverine sia l'amante di Grandmorin, la picchia. Folle di gelosia, decide di uccidere Grandmorin. Le tende una trappola con l'aiuto di Séverine, che è troppo terrorizzata per tentare qualsiasi tipo di ribellione. In una lettera, gli chiede di prendere il treno dalla capitale alla sua tenuta di Norman. Una volta terminata la lettera, la coppia si reca alla stazione per prendere lo stesso treno che li riporterà a casa a Le Havre.

CAPITOLO II

Jacques Lantier, uno dei meccanici della Compagnie de l'Ouest, arriva alla Croix-de-Maufras, sulla linea ferroviaria tra Parigi e Le Havre. Viene a salutare la zia Phasie che si è presa cura di lui quando era bambino. Vive con la figlia Flore e il marito Misard. Nelle vicinanze si trova una grande casa borghese non occupata di proprietà di Grandmorin, che nel testamento andrà a Séverine Roubaud.

Zia Phasie ha da poco perso la sua seconda figlia in strane circostanze: mentre Louisette faceva la domestica a casa di Grandmorin, una notte è fuggita a casa di un vicino, Cabuche, gravemente ferito. Muore per le ferite riportate dopo aver raccontato alla polizia che Grandmorin aveva cercato di abusare di lei. La storia viene messa a tacere. Jacques, spinto dalla curiosità, si introduce nella tenuta di Grandmorin, dove trova Flore, infatuata di lui. Quando lei si offre a lui, Jacques fugge, sopraffatto dal male che lo ha sempre attanagliato: di fronte a una donna, è tormentato dal desiderio di uccidere. Cammina a lungo costeggiando i binari della ferrovia. Quando passa il treno proveniente da Parigi, vede un uomo che sgozza un altro uomo in una delle carrozze. Turbato, torna a casa della zia, ma sulla strada incontra Misard, che gli dice di aver scoperto un cadavere sulla pista. I due uomini si avvicinano: è Grandmorin. All'arrivo della polizia, Jacques si chiede se sia il caso di rivelare ciò che ha visto.

CAPITOLO III

Il mattino seguente, Roubaud, nervoso, prende posto alla stazione di Le Havre. Apprende da un dispaccio che il presidente Grandmorin è stato trovato morto sul ciglio del binario che va da Parigi a Le Havre. Il capostazione, ricordando che Roubaud era tornato il giorno prima con lo stesso treno, lo interroga. Viene chiamata anche Séverine, affinché possa confermare le dichiarazioni del marito. Confermano di aver incontrato il Presidente, ma che non hanno fatto il viaggio insieme. Nel frattempo, Jacques arriva e racconta ciò che ha visto la sera prima.

CAPITOLO IV

M. Denizet, il giudice istruttore incaricato del caso Grandmorin, convoca i coniugi Roubaud, la figlia di Grandmorin e suo marito, Jacques Lantier e Mme Bonnehon, la sorella della vittima. Dopo aver letto il testamento del defunto, gli sembra che il lascito della casa della Croix-de-Maufras possa costituire un buon motivo; i suoi sospetti si concentrano quindi sui Roubaud. Quando Jacques viene interrogato, si rende conto che Roubaud è l'esatto ritratto dell'assassino che ha visto sul treno. Ma, turbato da Séverine, tace. Infine, il giudice arresta Cabuche, il vicino di casa dei Misard che si era recato a casa di Louisette per morire e che aveva giurato, all'epoca, di vendicarla. Quando lascia lo studio del giudice, Roubaud, che si è reso conto che Jacques sa qualcosa, decide di farsi coinvolgere dal meccanico: vuole tenere d'occhio questo testimone scomodo.

CAPITOLO V

Séverine si reca a Parigi per incontrare il signor Camy-Lamotte, incaricato di mettere in ordine le carte di Grandmorin: vuole assicurarsi che la lettera che gli aveva inviato non sia stata ritrovata. Camy-Lamotte la riceve con curiosità: ha trovato la lettera e sospetta che la giovane donna ne sia l'autrice. Con un sotterfugio, riesce a farle scrivere una lettera e deve affrontare la realtà: è stata proprio Séverine a scrivere la lettera. Capisce subito che i coniugi Roubaud sono colpevoli, ma accusarli indebolirebbe la Compagnie de l'Ouest. Per questo preferisce tacere. Séverine ritrova Jacques e, prima di tornare a casa, fanno una passeggiata. La giovane donna si rende conto che il meccanico è attratto da lei. Lui ammette a malincuore di conoscere la verità, ma promette di non rivelare nulla. L'idea che Séverine sia un'assassina le conferisce un'aura speciale ai suoi occhi.

CAPITOLO VI

È passato un mese dall'omicidio di Grandmorin. Il caso è stato chiuso, Cabuche è stato rilasciato e i Roubaud sembrano tranquilli. L'unica ombra è l'orologio e il denaro che hanno rubato al momento dell'omicidio e che nascondono in casa.

Jacques e Séverine sviluppano una tenera relazione e iniziano a frequentarsi di nascosto. Con lei, Jacques è felice e il suo desiderio di uccidere scompare. I due diventano presto amanti e si recano nella capitale ogni venerdì, giorno in cui Jacques guida il treno. Dal canto suo, Roubaud inizia a giocare d'azzardo e a indebitarsi.

CAPITOLO VII

Il venerdì successivo, nei pressi di La Croix-de-Maufras, il treno si ferma, bloccato dalla neve. Lo sgombero della neve è molto lungo, così Misard propone a Séverine di venire a riscaldarsi a casa sua. È lì che Flore sente un bacio tra Jacques e la giovane donna. La rabbia sale dentro di lei. Quando finalmente il treno riparte, la Lison (la locomotiva), danneggiata, non reagisce altrettanto bene.

CAPITOLO VIII

Poiché il treno arriva a Parigi in tarda serata, il viaggio di ritorno è previsto solo per il giorno successivo. Jacques e Séverine passano la notte insieme. Séverine sente improvvisamente il bisogno di confidarsi con lui e gli racconta dell'omicidio di Grandmorin. Jacques la interroga a lungo su ciò che ha provato quando lo ha ucciso e i suoi impulsi omicidi ritornano.

CAPITOLO IX

A Le Havre, Roubaud è sempre più assente per gioco d'azzardo e i suoi debiti aumentano. Inizia quindi a rubare dal bottino che ha sottratto a Grandmorin il giorno del suo omicidio. Quando Séverine si accorge che il marito ha speso tutto, va su tutte le furie e prende l'orologio, che affida a Jacques in modo che Roubaud non possa usarlo per ripagare i suoi debiti.

Mentre i due amanti sono abbracciati nell'appartamento dei Roubauds, il marito appare e li sorprende. Poiché non reagisce, Jacques e Séverine decidono di smettere di nascondersi. Tuttavia, Roubaud li infastidisce e decidono di ucciderlo. Una notte, mentre Roubaud è di guardia e fa il giro della stazione, Jacques, armato di coltello, e Séverine lo seguono. Ma, all'ultimo momento, Jacques non riesce a colpire.

CAPITOLO X

Flore, ancora furiosa, vuole vendicarsi di Séverine, ed è Cabuche a darle involontariamente i mezzi per realizzare il suo piano: mentre sta per arrivare il treno del venerdì, Cabuche arriva davanti alla casa dei suoi vicini con un carretto pieno di pietre; Flore ne approfitta per spingere il vagone sui binari. Il treno colpisce frontalmente il carrello, provocando un terribile deragliamento. Séverine e Jacques sono illesi, ma l'incidente provoca quindici morti e trentadue feriti gravi. Disperata e consapevole dell'orrore della sua azione, Flore si getta sotto un treno. Nel frattempo, Séverine trasferisce Jacques nella sua casa alla Croix-de-Maufras.

CAPITOLO XI

Jacques si sta riprendendo dalle ferite superficiali. Cabuche, segretamente innamorato di Séverine, è molto presente e aiuta la giovane donna nelle faccende domestiche. Dopo dieci giorni, il medico autorizza Jacques a tornare al lavoro: trascorre un'ultima notte con Séverine nella casa della Croix-de-Maufras. Ma il giovane è inquieto perché i suoi impulsi omicidi sono sempre più forti.

Gli amanti decidono di tendere una trappola a Roubaud: vogliono che lui venga a casa, lo uccida e poi getti il corpo sulla strada per farlo sembrare un suicidio. Tuttavia, nulla va secondo i piani: Jacques impazzisce, afferra il coltello che doveva servire a sgozzare Roubaud e uccide Séverine prima di fuggire. Supera Cabuche che si aggirava in giardino, ma

Cabuche non lo riconosce ed entra in casa, dove trova Séverine distesa sul pavimento. In quel momento arrivano Roubaud e Misard.

CAPITOLO XII

Sono passati tre mesi dalla morte di Séverine. Cabuche è stato arrestato per l'omicidio della giovane donna, ma anche per quello di Grandmorin. Per quanto riguarda Roubaud, è in carcere per aver ordinato entrambi gli omicidi. Si sospetta che abbia fatto uccidere Grandmorin per ricevere più rapidamente l'eredità promessa alla moglie e che abbia voluto liberarsi di Séverine per godere da solo del denaro. Entrambi gli uomini sono stati condannati all'ergastolo.

Quanto a Jacques, ha preso servizio su una nuova macchina. Ma l'astio cresce con il suo autista perché Jacques ha una relazione con la sua amante. Una sera, l'autista arriva al lavoro completamente ubriaco e si rifiuta di obbedire agli ordini di Jacques. Vengono alle mani mentre il treno viene lanciato sui binari. Durante la lotta, cadono e vengono fatti a pezzi dalle ruote.

STUDIO DEL CARATTERE

JACQUES LANTIER

Jacques Lantier è un giovane alto e moro di ventisei anni: "Un bel ragazzo con un viso rotondo e regolare, ma rovinato da mascelle forti. I suoi capelli, piantati duri, arricciati, così come i suoi baffi, così folti, così neri, che aumentavano il pallore della sua carnagione". (p. 65) Abbandonato dai genitori, è stato cresciuto dalla zia Phasie, per la quale nutre un profondo affetto. Frequenta l'Ecole des Arts et Métiers e, una volta uscito, sceglie di diventare meccanico ferroviario, attratto dalla solitudine del lavoro.

Fin dall'adolescenza è soggetto a violenti mal di testa che lo fanno precipitare in uno stato di incoscienza. Spesso è preso da impulsi violenti, sogna di spargere sangue e prova le sensazioni che un assassino prova quando uccide. È particolarmente turbato dalla compagnia delle donne e per questo motivo fugge da loro. La storia parla della sua lotta per non diventare un uomo mostruoso. Nonostante ciò, ha una relazione con Séverine, la moglie del sottocapo della stazione di Le Havre, lasciandosi alle spalle la cugina Flore, innamorata di lui. Anche se per un po' sembra essere libero dai suoi impulsi, finisce per sgozzare la sua amante, ma non viene arrestato.

Muore durante un litigio con il suo macchinista quando cade sui binari. È un uomo psicologicamente malato. Consapevole della sua condizione, cerca di sfuggire alle sue nevrosi, ma invano: alla fine del romanzo, la sua bestialità trionfa.

SÉVERINE ROUBAUD

Séverine Roubaud è una giovane donna di venticinque anni: "Sembrava alta, sottile e molto flessuosa, ma grassa e con ossa piccole. All'inizio non era bella, con un viso lungo, una bocca forte, illuminata da denti ammirevoli. Ma, guardandola, era seducente per il fascino, la stranezza dei suoi grandi occhi blu, sotto i folti capelli neri". (p. 33) Suscita il desiderio di tutti gli uomini del romanzo: è la moglie di Roubaud, l'ex "amante" del presidente Grandmorin e l'amante di Jacques; Cabuche ne è segretamente innamorato e persino il segretario generale Camy-Lamotte ipotizza di ricattarla per ottenere i suoi favori.

È la figlia del giardiniere di Grandmorin. Dopo la morte del padre, viene presa in carico da lui, che è anche il suo padrino. Quando si sposa con Roubaud, la coppia finisce sotto la protezione del magistrato. Nel suo testamento le lascia la proprietà della Croix-de-Maufras. In seguito apprendiamo che Séverine, abusata da Grandmorin quando era giovane, è la sua "amante", cosa che fa impazzire di gelosia il marito quando lo scopre. Lei lo aiuta a uccidere il magistrato, ma da quel momento la sua relazione si disintegra. In seguito prende come amante Jacques Lantier, che finisce per ucciderla.

All'inizio del romanzo, appare come una giovane donna fragile e docile: obbedisce senza pensare a Grandmorin che si approfitta di lei fisicamente, poi al marito aiutandolo a uccidere il loro protettore. Ma gradualmente abbandona la sua passività per diventare colei che incita al male: durante la sua relazione con Jacques, lo spinge a uccidere Roubaud.

ROUBAUD

Roubaud si avvicina ai quarant'anni, ha i capelli rossi e ricci: "La sua barba, che portava folta, era anch'essa folta, di un biondo solare. E, di statura media, ma di straordinario vigore, amava la sua persona, soddisfatto della sua testa un po' piatta, con la fronte bassa, il collo spesso e il viso rotondo e sanguigno, illuminato da due occhi grandi e vivaci" (p. 31). Impiegato coscienzioso, deve il suo sviluppo al matrimonio con Séverine: grazie al rapporto privilegiato di lei con il presidente Grandmorin, diventa vice-capo della stazione di Havre. Ma è anche un uomo brutale e violento che obbedisce solo ai suoi istinti – viene spesso paragonato a un animale. Quando viene a sapere della relazione della moglie con Grandmorin, la gelosia lo fa impazzire al punto da sgozzare brutalmente il presidente sul treno. Dopo questo omicidio, la sua vita si deteriora lentamente: inizia a giocare d'azzardo, si indebita, non comunica più con la moglie e non reagisce nemmeno quando la sorprende tra le braccia dell'amante. Sembra anche sempre più estraniato da se stesso, vagando continuamente tra la stazione e il caffè. Alla fine viene arrestato per aver ordinato l'omicidio di Grandmorin e Séverine.

FLORA

Flore è la cugina di Jacques Lantier. È "una ragazza alta di diciotto anni, bionda, forte, con una bocca spessa, grandi occhi verdastri, fronte bassa e capelli pesanti. Non era bella, aveva i fianchi forti e le braccia dure di un ragazzo" (capitolo II). È presentata come una selvaggia, a immagine della regione della Croix-de-Maufras, che conosce bene, ed è descritta come una donna forte e di notevole altezza. Sua sorella Louisette è morta dopo essere stata maltrattata da Grandmorin. Vive con la madre Phasie e il patrigno Misard nella portineria accanto alla Croix-de-Maufras.

È innamorata di Jacques da molto tempo, ma respinge tutti i suoi pretendenti. Molto gelosa, si sente tradita dal cugino quando questi prende Séverine come amante e prova "l'istinto selvaggio di distruggere" (capitolo X). Per uccidere gli amanti, provoca un grande disastro ferroviario spingendo il carro di Cabuche pieno di pietre sui binari. Nonostante l'incidente uccida diverse persone e ne ferisca molte altre, Lantier e Séverine ne escono illesi. Incapace di sopportare l'orrore del suo gesto, si getta sotto un treno: "Raddrizzata nella sua alta e flessuosa statura statuaria, in equilibrio sulle sue forti gambe, avanzava. [...] E, nell'urto terribile, nell'abbraccio, si raddrizzò di nuovo, come se, sollevata da un'ultima rivolta di un lottatore, volesse abbracciare il colosso e abbatterlo" (*id.*).

CHIAVI DI LETTURA

IL ROMANZO NATURALISTICO

La storia del romanzo naturalista inizia nel 1865 con la pubblicazione di *Germinie Lacerteux* di Edmond (1822-1896) e Jules (1830-1870) de Goncourt, che narra la caduta di una ragazza di campagna che arriva a Parigi e la sua rovina. I cosiddetti scrittori naturalisti si ispirarono ai metodi scientifici di osservazione, in particolare alla termodinamica e alla medicina. In questo modo, essi fecero un passo avanti nell'opera dei realisti, che si interessavano soprattutto alle classi lavoratrici, e cercarono di evocare nevrosi, follia, impulsi e, nel contesto de *La Bête humaine*, quelle che Zola chiamava le "sorde vegetazioni del crimine".

Il naturalismo di Zola può essere diviso in due periodi distinti: il primo inizia con la pubblicazione di *Mes Haines* (1866) e termina nel 1878 con la lettura dell'*Introduction à l'étude de la médecine expérimentale* di Claude Bernard (fisiologo, 1813-1878). In questo periodo rifiuta le idee di Hippolyte Taine (filosofo francese, 1828-1893) che, a suo avviso, dava troppa importanza al determinismo (la negazione del libero arbitrio) e non teneva sufficientemente conto della questione della personalità. Il secondo periodo del naturalismo zoliano fu quello in cui sviluppò la sua dottrina del metodo sperimentale, ovvero che l'osservazione di una situazione permette di formulare ipotesi che l'esperienza confermerà o confuterà. Nel 1880 pubblica *Le roman expérimental, una* raccolta di articoli in cui presenta la sua nuova teoria:

> *"Lo scopo del metodo sperimentale, in fisiologia e in medicina, è quello di studiare i fenomeni per dominarli [...] questo sogno del fisiologo e del medico sperimentale è anche quello del romanziere che applica il metodo sperimentale allo studio naturale e sociale dell'uomo [...] siamo, in una parola, dei moralisti sperimentali, che mostrano per esperimento come una passione si comporta in un ambiente sociale. [...] In una parola, siamo moralisti sperimentali, che mostrano per esperimento come una passione si comporta in un ambiente sociale".*

Questo esperimento sarà condotto attraverso una saga familiare, *Les Rougon-Macquart*.

NATURALISMO ED EREDITARIETÀ

"Voglio spiegare come una famiglia, un piccolo gruppo di esseri, si comporta in una società, sbocciando per dare vita a dieci, venti individui che appaiono, a prima vista, profondamente dissimili, ma che l'analisi mostra essere intimamente legati tra loro. L'ereditarietà ha le sue leggi, come la gravità", spiega Zola nella prefazione a *La Fortune des Rougon*, il primo volume della saga romanzesca dei *Rougon-Macquarts*. Partendo da un doppio postulato – l'uomo è condizionato dall'ambiente e dall'ereditarietà – Zola colloca i suoi personaggi in un ambiente preciso, poi li studia alla maniera di un medico, descrivendo i fatti che sono destinati a verificarsi in considerazione dei postulati di base.

Ne *La Bête humaine*, Zola sottolinea ripetutamente la pesante eredità familiare che Jacques porta con sé. È figlio di Gervaise Macquart, morta senza fissa dimora a Parigi dopo essere caduta nell'alcolismo, e di Auguste Lantier, il suo amante, un uomo senza morale. La sua bisnonna, Adélaïde Fouque, uno dei personaggi principali de *La Fortune des Rougon*, morì in manicomio. Più volte ne *La Bête humaine* si parla del fatto che Jacques ha sofferto di strani attacchi durante l'adolescenza: i dolori gli torcevano il cranio, lo lasciavano febbricitante e depresso, o lo facevano nascondere come un animale in una buca. Questi non sono scomparsi con l'età adulta, ma si sono trasformati in impulsi omicidi. Per Zola, questo difetto è un fardello lasciato in eredità dalla sua famiglia: una bisnonna pazza e una madre alcolizzata non potevano che dargli una persona che soffre anche di problemi psicologici. Lacerato, Jacques lotta per tenere lontano da sé questi desideri omicidi. Per un po' ci riesce e pensa addirittura di aver trovato la felicità con Séverine. Ma i suoi primi istinti lo raggiungono e, alla fine del romanzo, non si controlla più e uccide la giovane donna. Zola conclude con queste parole: "[…] Era stato appena travolto dall'eredità della violenza" (p. 419).

JACQUES E IL LISON

Jacques, costretto a fuggire dalle donne, indirizza il suo amore verso la sua locomotiva, che nel romanzo è equiparata a una donna: "Ed è vero che l'amava con amore, la sua macchina, per i quattro anni in cui l'aveva guidata […] Se amava quella, era proprio perché aveva delle buone qualità. […] Se l'amava, era proprio perché aveva le qualità di una brava donna" (p. 196). Viene nominata (la Lison) e persino personificata: "Era una di quelle macchine espresso, a due assi accoppiati, di un'eleganza fine e gigantesca, con le sue grandi ruote leggere unite da braccia d'acciaio, il suo petto largo, i suoi lombi allungati e potenti" (p. 195). Il campo lessicale utilizzato è infatti quello che si userebbe di più per descrivere un essere umano: la macchina è dotata di braccia, di reni. Inoltre, James lo cura e lo accudisce come farebbe con una persona.

Dopo l'incontro con Séverine, la Lison, che fino a quel momento era stata impeccabile, inizia a funzionare meno bene, come scopriamo in particolare durante l'episodio del viaggio nella neve, quando il treno rimane a lungo bloccato alla Croix-de-Maufras. Quando il motore si riaccende, Jacques si chiede se il suo Lison non soffra di "gravi disturbi interiori [;] nulla è più delicato del complicato meccanismo dei cassetti, dove batte il cuore, l'anima viva" (p. 274). La locomotiva dà così l'impressione di reagire come se fosse ferita dalla relazione tra il suo meccanico e Séverine.

Un confronto più generale tra uomo e macchina può essere visto nel romanzo. Infatti, in diverse occasioni, il ritmo frenetico della locomotiva viene paragonato, o almeno messo in parallelo, con il ritmo della vita umana, o addirittura con la violenza incontrollabile che caratterizza diversi personaggi del romanzo. Ad esempio, l'autore descrive l'espresso di Le Havre che "si spegneva con la sua tempestosa violenza, come se avesse travolto tutto ciò che aveva davanti":

> "Fu un'apparizione fulminea: subito le carrozze si susseguirono, i piccoli finestrini quadrati delle porte, violentemente illuminati, fecero sfilare scompartimenti pieni di viaggiatori, in una tale vertigine di velocità, che l'occhio dubitò allora delle immagini viste" (p. 90).

È la descrizione di una macchina lanciata a tutta velocità, che nulla sembra poter fermare. Questa immagine ricorda la frenetica ascesa alla violenza di Roubaud nel capitolo I, quando va su tutte le furie dopo aver saputo della relazione di Séverine con Grandmorin:

> *"La furia di Roubaud non si placò mai. Non appena sembrava dissiparsi un po', tornava subito, come un'ubriacatura, in grandi ondate raddoppiate, che lo portavano via nella loro vertigine. Non possedeva più se stesso, batteva il vuoto, sballottato da tutti i sussulti del vento di violenza con cui veniva fustigato, ricadendo nel solo bisogno di placare la bestia ululante che era in lui"* (p. 53).

L'uomo, come la macchina, non può essere fermato quando è preso da tali impulsi distruttivi.

UN ROMANZO CRIMINALE

La stampa dell'epoca era molto appassionata di casi criminali e spesso si trova nelle sue pagine un riassunto di alcuni processi. Lo stesso Zola scrisse per *La Tribune* un resoconto del processo ai tre avvelenatori marsigliesi, un caso famoso all'epoca. Di fronte a questa mania, lo scrittore volle inserire un "romanzo giuridico" nel ciclo dei *Rougon-Macquart*: si trattava, ovviamente, de *La Bête humaine*. All'epoca Zola viveva a Médan, ai margini della linea ferroviaria che collegava Parigi a Le Havre. Ha quindi immaginato l'ambientazione del suo lavoro vedendo il treno passare davanti ai suoi occhi ogni giorno.

La Bestia Umana è un romanzo pieno di violenza che racconta la storia di diversi crimini, il primo dei quali, quello di Grandmorin, porta a tutti gli altri. Le persone uccidono molto facilmente, e sempre per motivi ignobili come la gelosia, l'avarizia o il gusto del sangue. Di fronte a tale brutalità, l'uccisione diventa, con il progredire della trama, un atto sempre più banale. All'inizio, quando Roubaud decide di uccidere Grandmorin, organizza una trappola intelligente e a sangue freddo. In seguito, desiderosa di liberarsi del marito per vivere con l'amante, Séverine chiede a Jacques di uccidere

Roubaud, semplicemente, senza ovviamente provare alcun rimorso o essere lacerata dalla coscienza. In realtà, in nessun momento Roubaud prova il minimo timore per il suo gesto. Ha ucciso Grandmorin, ma non se ne pente, anche se ciò gli provoca una grande eccitazione e un intenso nervosismo. Anche Jacques desidera uccidere; fa addirittura parte del suo essere, dal momento che prova impulsi omicidi fin da quando era molto giovane: "Oh! Dare una tale pugnalata, soddisfare questo desiderio lontano, sapere cosa si prova, assaporare questo minuto in cui si vive più che in tutta la propria esistenza" (p. 299). Solo che quando Séverine gli chiede di uccidere il marito, Jacques non è in grado di farlo. Per lui il crimine deve nascere da un impulso, non da una riflessione, deve essere il risultato di un impulso improvviso. Per questo motivo, lascerà vivere Roubaud ma ucciderà Séverine.

Lo studio del carattere di Jacques è una parte fondamentale dell'opera. Come Dostoevskij (romanziere russo, 1821-1881) in *Delitto e castigo* (1866) – un romanzo in cui l'anima dell'eroe, un criminale, viene studiata a lungo, sezionata, per capire le ragioni che lo hanno portato a commettere il crimine e i sentimenti che lo abitano una volta compiuto il suo atto – Zola disserta a lungo sulla personalità di Lantier. È un uomo che è sempre stato abitato dal male, poiché i suoi impulsi omicidi si sono manifestati molto presto nella sua vita. È vittima di una sorta di sdoppiamento della personalità, una dualità come quella del dottor Jekyll e del signor Hyde nell'omonimo romanzo di Stevenson (scrittore scozzese, 1850-1894): Jacques sente questi impulsi, ma cerca a tutti i costi di evitare l'omicidio. A questo proposito, si può dire che Zola stia davvero descrivendo una "bestia umana", un animale dal volto umano che alla fine verrà catturato dalla sua bestialità.

SPUNTI DI RIFLESSIONE

ALCUNI SPUNTI DI RIFLESSIONE...

- Spiegate il titolo dell'opera in relazione alla vostra lettura.

- In cosa si differenzia Cabuche dagli altri personaggi del romanzo?

- Studiate l'evoluzione del carattere di Severine. La mettereste dalla parte delle vittime o da quella dei carnefici? Giustificate la vostra risposta.

- Fino a che punto Jacques Lantier è padrone del suo destino?

- Quale immagine dell'amore presenta Zola nel suo romanzo?

- Ne *La Bête humaine* si parla molto di giustizia. Come tratta Zola questo concetto? Che visione ne dà?

- Quali indicazioni storiche vengono fornite nel romanzo? Possiamo dire che *La Bête humaine* è un romanzo storico? Spiegate.

- In che modo si può dire che questo romanzo sia naturalistico? Si prega di approfondire.

- Che ruolo ha il villaggio di La Croix de Maufras nella trama? Perché Jacques ha una strana sensazione ogni volta che ci va? Sviluppate la vostra risposta con esempi concreti.

- Secondo voi, l'ambiente ferroviario è semplicemente un'ambientazione per la storia? Giustificate la vostra risposta.

PER ANDARE OLTRE

EDIZIONE DI RIFERIMENTO

ZOLA É., *La Bête humaine*, Paris, Gallimard, collezione « Folio classique », 2003, 512 p.

STUDI DI BENCHMARK

BECKER C., *Le roman naturaliste*, Paris, Bréal, coll. « Connaissance d'un thème », 1999.

BECKER C., *Lire le réalisme et le naturalisme*, Paris, Armand Colin, coll. « Lettres sup. », 2010.

MITTERAND H., *Zola et le naturalisme*, Paris, PUF, « Que sais-je ? »

NOËL L., « Le principe du déterminisme », in *Revue néo-scolastique*, n° 45, 1905.

ADATTAMENTI

La Bête humaine, film di Jean Renoir, sceneggiatura di Jean Renoir, con Jean Gabin, Simone Signoret e Fernand Ledoux, Francia, 1938.

Human Desires, film di Fritz Lang, sceneggiatura di Alfred Hayes, con Glenn Ford e Gloria Grahame, USA, 1954.

Vogliamo sapere da voi!
Lasciate un commento sulla vostra biblioteca online
e condividete i vostri libri preferiti sui social media!

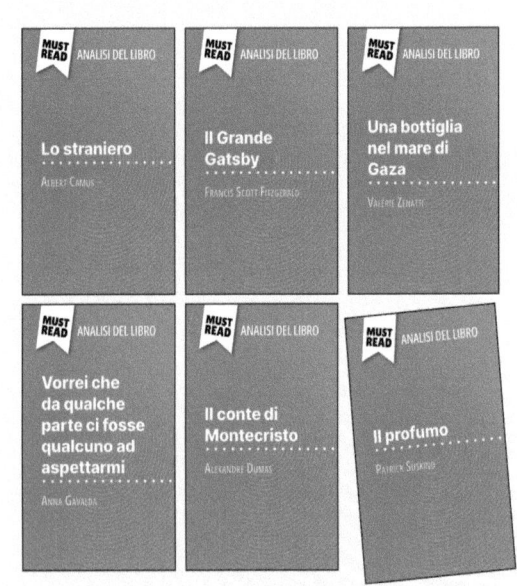

www.50minutes.com

Master ISBN: 9782808690409
ISBN cartaceo: 9782808611800
Deposito legale: D/2023/12603/1460

Copertura: © Primento

Concezione digitale a cura di Primento, il partner digitale degli editori.